wodurch wird man
berühmt?

Ex Libris

Dieser Gretchenfrage gehe ich hier nach und möchte belegen, dass der Elefantenbulle Tusker mindestens genau so berühmt sein müsste wie die Tuffi.

Mit meiner Begleitung und Beobachtungen über ein Jahrzehnt hinaus, möchte ich dies mit den Aussagen, in diesem Büchlein, beweisen.

Meine Erlebnisse mit ihm sind wahr und in 20 Episoden, ein wenig fantasievoll verschnörkelt, wiedergegeben.

Ich wünsche große Freude beim Lesen!

Herstellung und Verlag:

BoD – Books on Demand, Norderstedt

ISBN 9 783758 372728

Einleitung

Die Hiesigen klärten mich auf, als ich vor Jahren ins Tal zog, das die Babys hier, aufgrund englischer Witterungsverhältnisse, gleich mit Schirm geboren werden. Das war einmal, denn wegen altbekannter Krise vertrocknet man auch in Wuppertal.

Wahrscheinlich deshalb, legte sich der Nachwuchs einen anderen Gendefekt zu. Das erstgesprochene Wort endet hier mit „i", nicht „a", aber nicht „Mami", sondern „Tuffi" oder „Schwebi".

Wie aus den Annalen hervorgeht, gastierte 1950 der Circus Althoff hier. Und für einen Werbegag sollte das vier Jahre alte Elefantenmädchen Tuffi Schwebebahn fahren. In selbige stieg sie ein, oder „wurde eingestiegen" verließ aber den schwankenden Ort nach kurzer Zeit wieder, und das machte sie berühmt. Sie setzte den Rückwärtsgang ein, durchbrach die Wand und fiel ca. zehn Meter tief in die Wupper, ohne sich ernsthaft zu verletzen. Seitdem gibt es also zwei Wahrzeichen hier.

Der Mythos geht weiter, heutzutage „stört" sie und man kann über sie „schweben". So bezeichnen die Wuppertaler das Fahren, hängend auf vier Rädern.

Der Menschheit fällt das Denken nicht immer leicht. Da wird z. B. für teures Geld die Wupper begradigt und dann merkt man, - oh, war doch nicht so gut! Und deshalb meißelt man Tuffi aus Stein und setzt sie als „Störstein" ins Wasser, damit selbiges ein wenig natürlicher, sprich langsamer, fließt. Dann können sich die Fische ausruhen, laichen oder verstecken.

Und neuerdings, die Geschichte geht weiter, ist Tuffi sogar „käuflich". Wer also z. B. ein schlechtes Gewissen besitzt und unbedingt ein teures Geschenk in Silber oder Gold benötigt, der kann nicht nur Tuffi, sondern im Duo die Schwebi, gleich miterwerben.

Zu guter Letzt sei nun noch ergänzend erwähnt, dass es seit 2016 eine Nachfolgerin von Tuffi gibt. Ich finde sie süß, weil sie manchmal, allerdings zu selten, wahrscheinlich um berühmt zu werden, hier im ansässigen Zoo tanzt, in welchem auch ihr Papa Tusker weilte. Und damit habe ich den Übergang zum neuen Thema geschafft.

Es ist jetzt sehr leicht erschließbar, dass Tusker ein Bulle war. Seine wissenschaftliche Bezeichnung lautet:
„Loxodonta africana".
Und Tusker war einerseits sein Name, bedeutet in der Zoologie andererseits auch:
„großer Stoßzahnträger"!

Eine Kuh zählt zu den Hornträgern. Verliert die Kuh ein Horn, ist sie ein „Einhorn". – Kleiner Scherz!

*Tusker, mein **„Gigantus sympathicus"** verlor ebenfalls einen Stoßzahn, aber das wird ja alles nachfolgend erzählt.*

Hymne an einen großen Freund!

Groß, im wahrsten Sinne des Wortes

Im „Krüger Park" 1) sagt man: „Leb wohl,
genieß' das Leben woanders voll!"

**Mit deinem Freund bestiegst du den Jumbo mit
zwei Jahren,
vier Kühe durften auch mitfahren.**

Die Fantikinder, all' samt Waisen,
nur deshalb durften sie verreisen.

In Afrika man dir nach dem Leben trachtet,
bei uns hier wirst du sehr geachtet.

Auch hier die Sonne bescheint am Tage,
deine beschauliche Außenanlage.

Und die Hitze, also die von Afrika,
kannst du finden im Hause da.

Gemeinsam ha' m wir viel erlebt,
ein Teil hier aufgeschrieben steht:

1. Episode

Das Spielen der beiden <u>kleinen</u> Bullen
mit <u>schweren</u> Folgen

Die kleinen Bullen wuchsen heran,
das Stärke-Testen fing dann an.

Ja Kräfte messen, zuerst war's Spaß,
beim Rangeln, da geschieht so was.

Auf einmal tat es einen Krach,
der schöne Stoßzahn — der gab nach.

Wie genau ablief die Geschichte,
das berichten die Annalen nichte.

Nur halb gezahnt gehst du durchs Leben,
doch musst du dich darum nicht schämen.

Was vorn dir fehlt, das hast du hinten,
tust ab und an auch damit winken.

<u>Hinweis</u>:

Hat man so etwas noch nie gesehen,
nicht einfach ist es zu verstehen.

Drum will ich's erneut mal wagen,
mit andrem Bilde es aussagen.

Was vorn dir fehlt du hinten hast,
benutzt es häufig in der Tat.

Dreizehn Kinder sind durch dich geboren,
ein weiteres ging sehr früh verloren.

Kannst du den Text abermals nicht verstehen,
dann musst du dir das Bild ansehen!

Man sieht allerdings nun gar nicht viel,
die Zensur hatte die Hand im Spiel.

Damit die Enkel mich nicht fordern
und eine Aufklärung von mir ordern,

hab' ich die Vermehrungswurzel reduziert,
genau gesagt, sie ist halb — iert.

Bist skeptisch du, tust mir nicht trauen,
du kannst es unter www anschauen. 2)

Der Kevin und klein Hänseln
sehr staunen und auch rätseln.

*Auch Fridolin, ganz
klugerwei's,*

*muss
kommentieren
seinen S....pruch!*

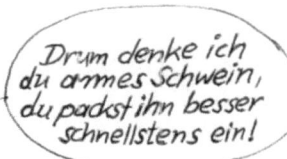

2. Episode

Eine schwere Krankheit

Es gab 'ne Zeit, da warst du ill
und mochtest essen gar nicht viel.

Traurig standst du oft herum,
zunächst man wusste nicht warum.

Doch stellte sich dann bald heraus,
Salmonellen waren im Haus.

Das ging einem doch sehr nah
wenn man dich so stehen sah.

Doch wolltest allen es beweisen,
'ne Menge Medizin tatst speisen.

Wir haben sehr an dich gedacht,
die Telepathie, - die hat's gebracht!

Drum wurdest du langsam wieder gesund,
und aßest dich erneut wieder kugelrund.

Tust du dich auf die Waage stellen
der Zeiger schnell nach rechts tut schnellen.

Über fünf Tonnen, das ist ein Wahn
und alles nur mit einem Zahn.   3)

- 15 -

3. Episode

Abermals schlimme Zeiten

Sein Brot man mit anderen teilen muss,
sonst handelt man sich ein Verdruss!

Auch im Wuppertaler Zoo hiernieden
war'n schwere Zeiten dir beschieden.

Viel andres Getier, eine Überzahl,
wollte nahe dir kommen allemal.

Dein Areal wollten sie besetzen,
das rief hervor großes Entsetzen.

Pass mal auf mein lieber Taski!

Es entweichen dir Mengen an Mist,
was andern gutes Futter ist.

Du denkst, du hättest gut gekaut,
doch alles ist nur halb verdaut. 4)

Ein solcher Haufen groß und weich
für Hühner kalorienreich.

Was von dir so achtlos hingesch . m . .issen,
für andere ist's ein Leckerbissen.

Behände kreuchte dann zu dir
so manch geflügeltes Getier.

Es lässt sich auch gar nicht verhehlen
dies wollte bei dir Futter stehlen!

Muskelprotzend tatst du es verscheuchen,
die Mini Hühnchen ängstlich entfleuchen.

*<u>Allerdings</u>: Sind die Hühner platt wie' n Teller,
war der Tusker doch mal schneller.*

Doch −, so was hab' ich nie gesehen,
würde auch gleich zum Tierschutz gehen.

Das Federvieh hätt's auch nicht gern,
es wür' sich ebenfalls beschwer'n.

Tusker ist in Rage!

"Du kickriger Hahn, du kack- äh, gackriges Huhn
hast du nichts Besseres zu tun?

Komm ja nicht nah in mein' Bereich,
sonst klopf ich dir die Eier weich!"

Früher war'n die Hühner niedlich,
lieb Eier legend, vor allem friedlich.

Tusker steigt auf den Zaun in gefährlicher Pose,
beenden will er die "Hühnerchose".

Das blöde Gegacker geht ihm auf den Sack,
wovon er ja auch 'ne Menge hat.

Ihr doofen Hühner, wie kann man's wagen
zu gehen an Elefantis Kragen.

Der Tusker wird rasend wie noch nie,
beschmeißt mit Sand das Federvieh.

Mit Körnchen tut er es bekleckern,
das flüchtet schnell mit lautem Geckern.

Es schimpft und spricht von Solidarität,
dass unter den Tieren so etwas nicht geht!

Sie fliehen schnellstens vor ihm fort,
hin –, zu einem sicheren Ort.

Die Tiere steh'n
hinter'm Zaun
auf neutralem
Grund,

man hört Kritik aus ihrem Mund!

Ja, sie wollen weiter protestieren,
ihre Meinung offerieren!

4. Episode

Austesten von Kräften

Die Pfleger dir was Großes schenkten,
mit Bäumen wollten sie dich ablenken.

Viel Dickis wurden eingegraben auf deinem Geheg',
du hast sie fast allesamt zerlegt.

Hast du's getan aus lauter Frust,
oder war es kreative Lust?

Ja, es war die Lust selbst zu gestalten,
mit großen, langen, schweren Balken.

5. Episode

Balancieren von gewichtigen Stämmen

Ein Dickie, der hatte es dir angetan,
denn der war oben so schön plan.

Dann hobst du 'nen Holzstamm, vier, fünf Zentner schwer
und legtest ihn auf den hohen Baumstamm quer.

Mit Rüssel und nur einem Zahn,
hobst du die schwere Last dann an.

Mit viel Gefühl hast du platziert,
das Gleichgewicht fein austariert.

Ein Wunder hast du da vollbracht,
wie hast du dieses nur geschafft?

Ein **T** wie Tusker stand herum,
bis du es stießest wieder um.

Doch was ist, wenn der Koloss nicht will,
schön liegen in der Waagrechten still?

Hab' Angst und denk, oh weh, oh weh,
beim Fallen trifft er Tuskers Zeh.

Schon fällt er nieder mit Getöß',
genau vor Tuskers Vorderföß;

jedoch der Tusker mit Bedacht
den Fuß hat schnell zur Seit' gebracht.

Sag, wo gab es mal 'nen Elefant
mit Gips an seiner Vorderhand?

Der Tusker es erneut probiert,
derweil mein Herz gar arg vibriert.

Mut hast du, wir ham's gesehen,
wird es aber immer so gut gehen?

6. Episode

Clevere Ideen gegen Hunger

Gibt es nichts Essbares zu finden
muss man sich darum besinnen,

wie man mit etwas List und Tücke
finden kann – große Holzstücke.

Tritt damit unter einem Baume dann,
das Holz jetzt schmeißt, so hoch man kann.

So manch ein Stock den Baum erklamm,
er aber nicht mehr runterkam.

Der Tusker schielt ganz unverhohlen,
er kann sich ihn von dort nicht holen.

Der nächste Versuch, der möge gewinnen,
soll Blätter oder Stöckchen bringen!

Auch das nächste Holz tut sich verhangen,
bleibt einfach im Gezweig verfangen.

Da betet Tusker zum Gotte Wotan,
schick mir 'nen mittelschweren Orkan.

Einen, der von unten bläst schier kräftig,
dass Wurfgeschosse fallen mächtig!

Beim richtigen Treffer, welch ein Segen,
erfolgt ein mächtiger Blätterregen.

Erfunden von einem starken Rüsseltier,
"Tusker" heißt er, sage ich dir.

Nun muss sich dieser arg beeilen,
will er nicht mit den Kühen teilen.

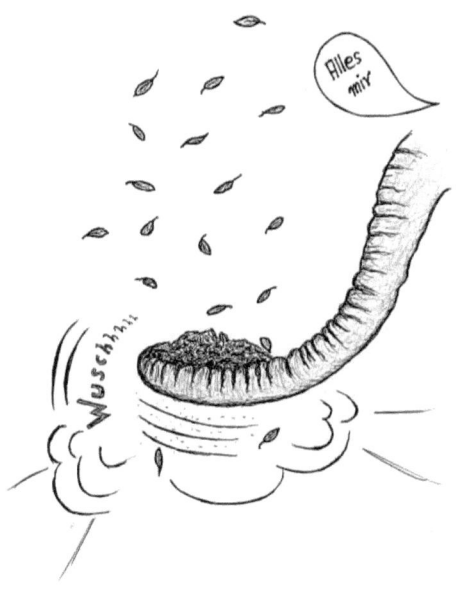

Gar mancher Knüppel, oh weh und ach,
verfehlte den Baum und flog auf's Dach.

Einigermaßen gut ist das,
schlechter wär' –, er flög' ins Glas.   "klirrrrr"

Kurz gesagt,
sonst geh'n 'ne Menge goldener Moneten,
mal eben schnell durchs Fenster flöten.

Und manch' Besucher schimpft "Sauerei",
flog's Holz zu nah am Kopf vorbei. 5)

7. Episode

Die Wandverkleidung aus schöner Eiche
gefiel Tusker nicht. Mit seinem Stoßzahn
knibbelte er Stücke ab.

Diese war gedacht als schöne Zier,
neben der großen Schiebetür.

Einmal hab' ich was erlebt,
da hat sehr mein Herz gebebt.

<u>Also:</u>

Wenn ich durch den Zoo so geh,
Unrat, Papier oder Zweige seh',

dann heb' ich sie auf, vom Wege fort
und leg sie an den richt'gen Ort.

Ich komme dann zu Tuskers Reich,
fand auf der Straß' 'nen Prügel, 6) beste `Eich`.

Ich hob es auf und warf das Stück,
wo's herkam, auf seine Anlage zurück.

Meine Frau –, die das gesehen,
oh –, wie kann die schnelle gehen!

Rasend schnell ist diese fort,
ich seh' sie an 'nem sich'ren Ort.

Schon hat Tusker das Stück im Rüssel,
ich denke Ernst, du bist ein Schussel.

Hab' nun Angst, es käm' im Bogen
geradewegs zurückgeflogen.

Er hebt's im Rüssel eingerollt,
was hat er damit nur gewollt?

In Schockstarre stehe ich,
sag: „Hallo Tusker, ich grüße dich".

Heb' dann den Arm auch noch zum Gruß,
weil man das so machen muss.

Er überlegt: „Was soll ich tun"
und lässt **sofort** den Rüssel ruh' n.

Ich steh noch da, was soll ich machen,
die Lag' ist ernst und nicht zum Lachen.

Langsamst, als wär's aus Gold und sehr viel wert,
legt er's behutsam zurück auf die Erd'.

Und?

Was gelernt?   **Ja!**

<u>Fazit</u>:

„Ihr lieben Leut', so ist's im Leben,
  bevor man tut, erst **überlegen**."

8. Episode

Begrüßung auf Elefantenart

Meine tier-vernarrte Frau
die kennt der Tusker sehr genau.

Oft nimmt sie bei ihm Frühstück ein,
damit er ist nicht so allein.

Sitzt auf der Bank und schaut ihm zu,
wie er so speist in friedlicher Ruh.

Sie oftmals auch Besucher lenkt,
viele wahre Infos sie ihnen schenkt.

Dann lobt sie den Tusker im höchsten Ton,
ebenso auch Uli –, seinen Sohn.

Und wenn bei Tusker grad nichts los
dann hebt er kommend den Rüssel zum Gruß.

Genau so zeigt man auf Elefantenart,
dass man den andren gerne hat.

Düngt ihm, es gäbe was zu naschen,
er könnte Futter jetzt erhaschen,

sein Kommen könnt' ich dann versteh'n,
nein, nein, er schätzt sie, ist das schön!

Liegt's am Parfüme oder an der Stimm',
dass er so schmilzt bei ihr dahin?

Er eilt nicht sofort zu ihr hin –, nein, er muss ja
zeigen,
dass **ER** bestimmt das ganze Treiben.

Hat Futter er, oder gar Liebeslust
dann allerdings ist sie ihm Wurst.

Das ist natürlich etwas schade,
der Liebe Beigeschmack ist fade.

Die Arme!

Doch im Grunde ist sie nach ihm verrückt,
und er ist von ihr äußerst entzückt.

Und ich – könnt' alle Finger schwör'n,
trotz allem – haben sich die beiden gern!

9. Episode

„Mist wagen" (trauen) oder Mistwagen?

Da kommt so ein oller Wagen,
Container rücklings eingefahren.

Will, **wie die Hühner** –, schon beschrieben
einfach seinen Mist jetzt **dieben**.

Was früher als Kacke und Dung ward bekannt
man heut' als "Wertstoff" kennt im ganzen Land.

Champignons könnten darauf sprießen,
düngen könnt man tausend Wiesen.

Mühsamst links gedrehte Pillen hand-lich,
stapelbar, portioniert und rund-lich.

Die Konsistenz genehm, leicht festig,
geruchsneutral und gar nicht lästig.

All das fährt vor seiner Nase
vor ihm weg, – da auf der Straße.

Da wird Tusker mächtig **sauer**,
er rennt entlang an seiner Mauer,

tröten, Kopf erhoben die Ohren flattern,
möcht' zum Schmeißen was ergattern.

Doch die Pfleger klugerweis',
entfernten längst jegliches Reis.

Vergeblich war die ganz' Attacke,
darum flucht er leise,
"........ oh, Backe",

oder so was ähnliches hab' ich vernommen.

Und den Tusker sieht man schmollen,
zornig seine Augen rollen. 7)

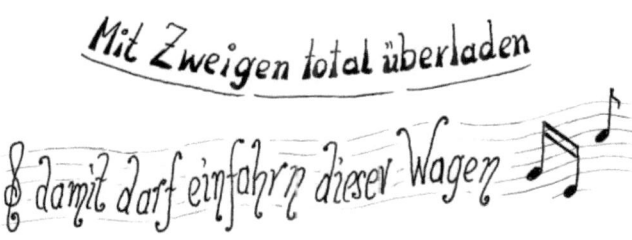

Mit Zweigen total überladen
damit darf einfahrn dieser Wagen

a macht er 'ne lange Nas?

Hat er kein Wurfgeschoss zur Hand,
schmeißt er gelegentlich mit Sand.

Bewirft den Truck aus nächster Näh',
doch scheinbar tut's dem gar nicht weh.

Dem kräft'gen Kerl macht das nichts aus,
der lächelt nur und fährt nach Haus.

Fährt frech und einfach ignoriert
was Tusker da so fabriziert.

Bei dem – die nächste Ladung im Rüssel sitzt,
doch's Fahrzeug ist davon geflitzt.

Wohin mit Sand und auch mit Wut,
der Tusker einfach schmeißen tut.

Da trifft er zwei Verehrerinnen,
ha'm Sand im Haar, im Ausschnitt drinnen.

Ja, selber schuld: „Man muss doch sehen
wenn's unser'm Tusker nicht gut tut gehen."

Stolz –, mit erhob'nen Haupt in Siegerpose,
wegtrabend beendend er die Chose.

Doch merke:

Die Frauen, – die den Sand **durften** erhaschen
war'n stolz und taten sich Tage nicht waschen.

Denn nicht jeder erhält derart elegant
eine Dusche aus echtem Wupper-Sand.

10. Episode

Die Show stehlen

Anno Zweitausend-und-sechzehn,
man sieht viele Menschen ins Fantihaus
geh'n.

Sehr schick gekleidet schreiten die Frauen
und mit Anzug die Männer fein
anzuschauen.

Im Haus eine Wand in Tücher gehüllt,
geschmückt, geheimnisvoll verhüllt.

Es sind da nur geladene Gäst',
warten gespannt aufs Allerbest'!

Die Redner, die Pfleger, es ist alles bereit,
eine gesponserte Infotafel wird eingeweiht.

Die Fantis soll man natürlich alle sehn,
drum müssen sie im Haus rumsteh'n.

Irgendwann zur vollen Stund'
die Redner möchten mitteilen kund,

was die Fantis in ihrem Leben
doch so alles machen eben.

Da geht der Tusker in sein Wasserbecken,
tut genüsslich alle Glieder ausstrecken.

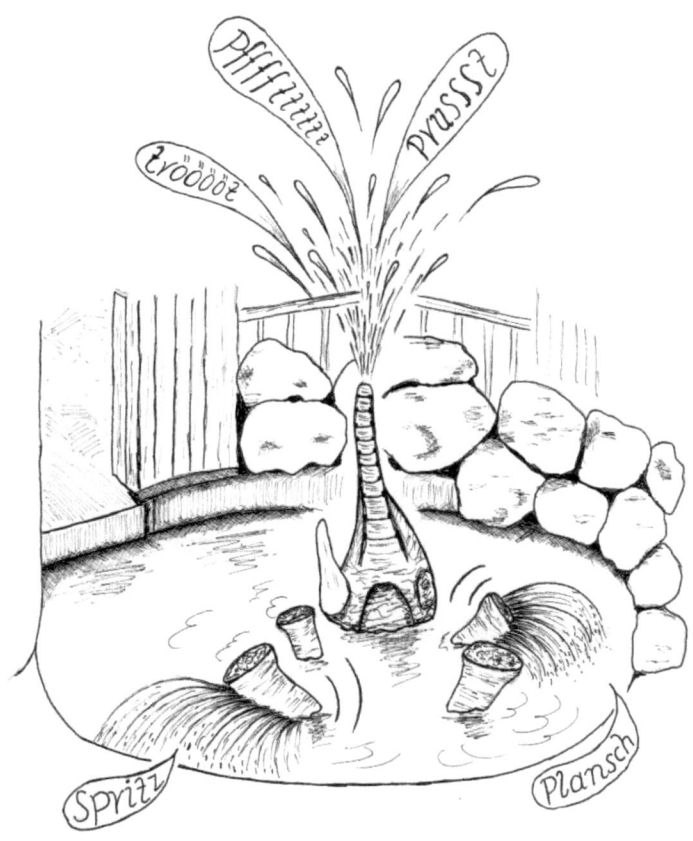

Er spritzt und prustet richtig laut;
weil jeder nun zu Tusker schaut,
hat allen er die Show geklaut.

Die Info – Wand recht lang und breit,
trotz allem, wird sie eingeweiht.   8)

Und die Musketiere auf dem sicheren Land,
warten – mit etwas zum Trocknen in der Hand.

11. Episode

Besuch von Tuffi

Elefanten, die vom Geschlecht her männlich,
finden Fantidamen oftmals dämlich.

Die Damen finden Bullen mist,
diese Sache ausgeglichen ist.

Doch manchmal – anders steht der Sinn,
da zieht es einen einfach hin.

Drum liebe Leute, dass ihrs wisst,
der Tusker Tuffis Vater ist.

Weil in der Wildnis Feinde leben
die einem trachten nach dem Leben, eben,

schließt sich zusammen ein jeglich' Geschlecht,
hier Bullen – da Kühe, ja so ist es recht!

Im Prinzip ist der Tusker hier alleine dann,
das mag er nicht, darum schließt er sich gerne an.

Doch wohnen tut er für sich allein,
hat im selben Haus 'ne Wohnung klein.

'Ne Kuh stand da noch niemals drinnen,
soweit ich mich da kann besinnen.

Sind alle gemeinsam im Freigeheg',
verschlossen ist der Wohnung Weg.

Doch eines Tags seine Tür stand auf,
da nahm das Schicksal seinen Lauf.

SPORT - DIPLOM

für TUSKER

in der DISZIPLIN
HOCHWURF

12. 01. 2017
zu WUPPERTAL

Er wollt' im Stall schauen – in einer Ecke,
ob sich dort noch etwas Heu verstecke.

Klein Tuffi, etwas unbedacht,
schleicht hinterher, auf Füßen sacht.

Mein Gott, jetzt ist sie in Tuskers Separee,
hoffentlich tut er ihr nicht weh!

Tusker ist verdutzt –, so ein kleines Wesen
ist niemals in seinen Räumen gewesen.

Er grübelt und kratzt sich an der Stirn,
– wie krieg ich die raus, die kleine Dirn?

Klein Tuffi, erst Wochen auf der Welt,
hat selbige schon auf den Kopf gestellt.

Die Mama ruft, klein Tuffi pariert,
und darum ist auch nichts passiert.

Schnell hat sie alles 'auskibitzt',
dann erst ist sie rausgeflitzt.

Sah Heu, Äste und ‚nen Traktorreifen,
hing alles zu hoch, war nicht zu erreichen.

Nichts zum Spielen in den vier Wänden,
dann kann ich den Besuch beenden.

Den Rüssel verknotet, leicht verlegen,
tut sie sich schnell zur Mama bewegen.

12. Episode

Tuskers Ausbruchsversuch

`Unsern` Bulle, von seiner Größe ist er der Boss,
er wird hofiert und wohnt im Schloss.

Das ist gesichert mit 'nem dicken Zaun,
damit ihn niemand uns kann klau'n.

Man kann's auch sehen umgekehrt,
dass er uns nie den Rücken kehrt.

Auf der vorderen Seite ist ein Graben,
zum bessren Sehen wir den haben.

Nu benötigt der Mensch den Wechsel der Tapet',
einem Elefanten es auch so geht.

Zu fahren in die halbe Welt
es fehlt ihm dazu doch das Geld.

Problem ist auch, er passt ja kaum,
in des Vehikels Innenraum.

Das Einzige, was dann noch funktioniert, ich meene,
das sind die Bremsen und die Sirene.

Dero ists besser – er bleibt zu Haus,
und wechselt nur die Möbel aus.

Drum gibt's mal Sand, um Haut zu pflegen,
den Lehm – um sich genüsslich reinzulegen.

Schwere Stämme, um Muckis zu trainieren
und knorrige Wurzeln zum Abreagieren.

Ein Gummireifen an den Wänden,
ein Kletterzaun, nu' könn' ma' enden.

Er besitzt also ein üppiges **Enrichment**,

häää?

Nun ja, der Fachmann das so nennt!

(Dient der Verhaltensanreicherung, damit
werden viele Sinne der Tiere angesprochen.)

Das war der Einführung letztes Wort,
nun führen wir die Episode fort!

Jetzt waren die Pfleger wahnsinnig nett,
ha'm zig Wurzeln mühsamst angeschleppt.

Mit so einem Ding und der Pfleger Vertrauen
plant er klammheimlich abzuhauen.

Jetzt kommt's –

Zu Zeiten, wenn die Fledermäuse fliegen,
da fängt er heimlich an zu schieben.

Mit Kraft, gekonnt und dann noch leise,
so ruckelt er dann scheibchenweise

und schiebt 'ne Wurzel wie ein Held,
über sein ganzes Spiele - Feld.

An der Bande heißt es aufgepasst,
den elektrischen Zaun nicht angefasst!

Drum hinten etwas angehoben
das Ding darunter hergeschoben.

Dann auf den Beton-Graben-Rand und einen Tritt,
die Wurzel dann nach unten kippt.

Sie fällt genau dort auf den Fuß,
man nur noch darauf treten muss.

Tusker erklärt:

,,Schon bin ich auf der andern Seit',
die nenne ich auch ´kleine´ Freiheit.

Doch als ich auf die Wurz' wollt tippeln,
das blöde Ding fing an zu kippeln.

Da kamen mir gewisse Bedenken,
ich könnte etwas mir verrenken,

oder fallen auf den Po,
verstauchen mich da irgendwo.

Darum verzichtete ich weise
auf die über-Graben-Reise.

Ich musste erneut dann überlegen,
ich bräuchte was zum Unterlegen.

'Ne andere Wurzel, Erde, oder Sand,
doch dafür ich keinen Eimer fand.

Die Pfleger morgens ham's leider gesehen,
dass ich wollt nächtens stiften gehen.

So hab' ich erreicht nur ein Zwischenziel,
heut Nacht gehts weiter, aber es ist schon viel.

Mein Personal schrieb ein Protokoll,
dass zukünftig ich soll

derart' gen Unsinn unterlassen,
sonst würde man mich hart bestrafen.

Würd' eingesperrt und hätt dann Not,
bei Wasser und nur trocken Brot.

Ich überleg, wenn's das gäb' in **großen Mengen**,
die **Kühe** mich auch **besuchen kämen**,

Mensch - was die Pfleger hier erzählen
das sollt' ich alles **mal abwägen**.

Denn <u>Brot</u> ist ja mein Leibgericht,
mir besser als das Heu entspricht.

Und das alles nur, weil ich wollt versuchen,
mal andere Tierchen zu besuchen!"

13. Episode

Tusker soll umziehen

Lieber Tusker, enorm groß und mächtig,
in sechsundzwanzig Jahr'n gewachsen kräftig. 9)

Züchter entdeckten, was man bisher nicht gewusst,
zumindest nicht so richtig bewusst. 10)

Mensch, der Tusker der hat Gene,
sie fanden auch besonders "scheene"!

Drum woll'n sie nach Berlin dich weisen,
nach Friedrichsfelde sollst du verreisen.

Du liebes, großes Rüsseltier,
zu folgender Taktik rat' ich dir!

„Erst geh zur Probe, – für ein halbes Jahr,
dann mach die nächsten Schritte klar.

Bis dahin prüf' was man versprach,
wie ist die Speise, das Gemach?

Wie sind die Nachbarn, die Pfleger, die Kühe,
ob sich auch lohnt die ganze Mühe!

Rieche ganz genau in allen Ecken,
manch Haken kann sich d'rin verstecken.

Denk an uns, deine Kühe, deinen Zoo,
die Zeit, in der wir gemeinsam waren froh!

Gar Vieles hast du hier bewegt,
viel Schönes ha'm wir mit dir erlebt.

Denn du bist herzlich, liebevoll,
dich finden alle Freunde toll.

Oh, mein Tusker, du glaubst es kaum,
wir wollten dich beinahe klau'n.

Ehrlich gesagt, es gab einen Plan,
dich über den Zaun zu heben an.

Doch leider waren wir nur zu zweit,
d'rum kamen wir auch gar nicht weit.

Im Grunde ist dein Geh'n beschissen,
wir werden dich gar sehr vermissen.

Wenn der Kran dich wird hochheben
kullern bei uns ganz dicke Tränen.

Der Punda Abschied fiel schon schwer, 11)
bei dir ist's, glaub ich, noch viel mehr.

14. Episode

Wir antizipieren nun und sehen Tusker
schon mal in Berlin

Nun kommt, was einmal kommen muss,
das Epos findet seinen Schluss.

Nun ist der Tusker in Berlin,
das ist so weit – wie kommt man hin?

„Oh Tusker, wir würden gerne bei dir sein,
vielleicht lädt uns der Zoo mal ein.

Dann könnten wir uns wieder sehn,
ja das wär' Spitze, – "wunderscheen".

Und bedenke, die Berliner Leut'
ha'm lange sich auf dich gefreut.

Becirce mit deinem großen `Charm`,
nimm alle Kühe in den Arm!

Zeig allen deine Bullenehre,
auf dass man sich dort gut vermehre!

Dies wünschen heut' und immerdar,
die Wuppertaler Tusker-Fan-Schar!

15. Episode

Letzte hilfreiche Instruktionen für dich in `Bärlin`

„Wenn dir dort wird angst und bang,
du heulen musst – gar Nächte lang,

es gibt 'nen Schnellzug, `Bango Dräsden`,
bis Wuppertal tut dieser `päsen`.

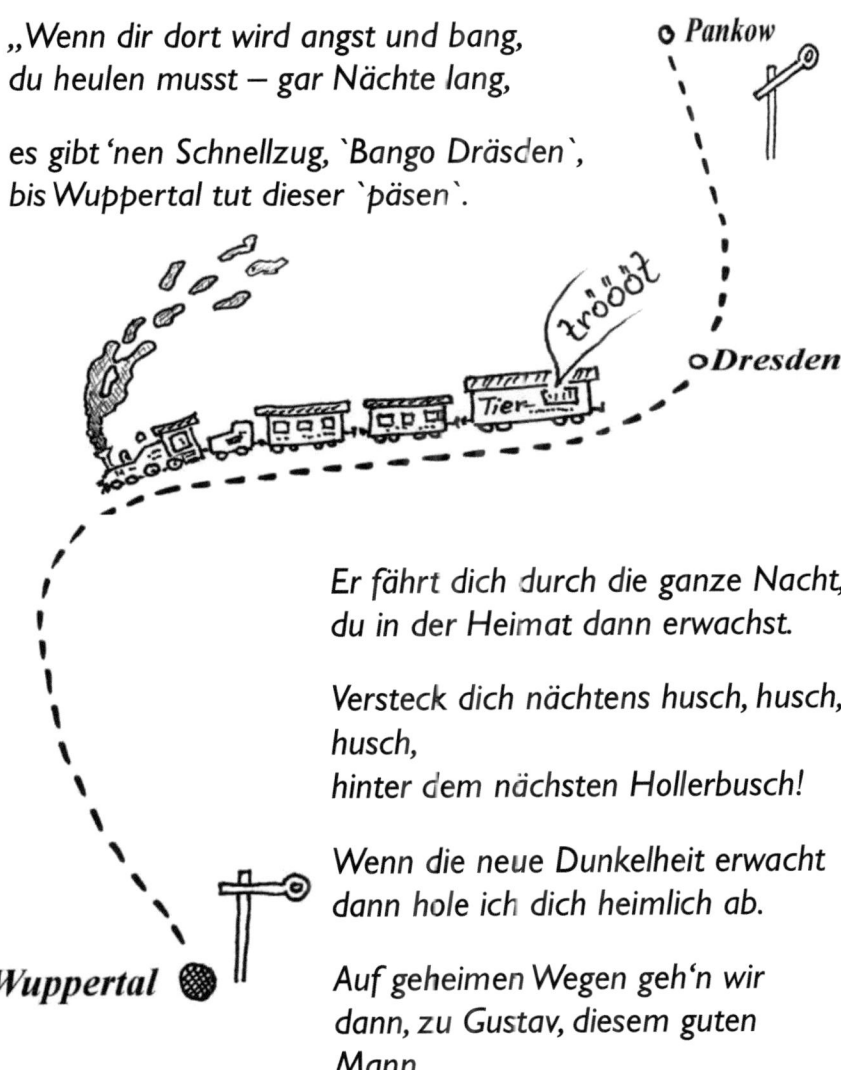

Er fährt dich durch die ganze Nacht,
du in der Heimat dann erwachst.

Versteck dich nächtens husch, husch,
husch,
hinter dem nächsten Hollerbusch!

Wenn die neue Dunkelheit erwacht
dann hole ich dich heimlich ab.

Auf geheimen Wegen geh'n wir
dann, zu Gustav, diesem guten
Mann.

Er lässt uns rein durchs Törchen hinten,   12)
dann musst du schnell ins Haus verschwinden!

Begrüß dann all in Gottes Namen
deine alt geschätzten Damen!

Mach dich klein, den Kopf gesenkt,
damit kein Pfleger dich erkennt!

Die Kühe werden dich verstecken,
in einer von den vielen Ecken.

Auch die Geschichte kommt zum End`,
und wie so oft, mit Happyend.

Der Tembo 13) wieder heimwärts geht,
wir sind sicher, dass er das versteht!"

16. Episode

Ja wie so oft in diesem Leben
es aber anders kommt soeben.

Die Berliner erfuhr' n von deiner `Clevernis`,
und bekamen dadurch richtig Schiss.

So verzichteten sie weise
gar schon auf deine Hinreise.

Aus diesem Gehen, da wurd' nichts draus,
du bleibst weiterhin bei uns im Haus.

Das finden wir nun super fein,
dann kannst du weiter bei uns sein.

„Ein Hoch auf die Berliner Leut',
sie ha'm uns wirklich sehr erfreut."

Allerdings!!

Jetzt war umsonst alles Trauern und Grämen,
nun soll'n sich die Berliner schämen!

Das war grad' der 16. Streich,
und der nächste folgt sogleich!

17. Episode

Eine neue Hiobsbotschaft

Nun hörte man erneut Gefasel,
der Tusker geht, – diesmal nach Basel.

Das wäre ja ganz großer Mist,
denn Basel noch viel weiter (als Berlin) ist.

Doch lieber Tusker, wie gehabt,
auch hier fahr'n Züge aus der Stadt.

Also kein Grund für ein langes Gesicht,
die Verbindung noch viel besser ist.

18. Episode

Wieder was Neues, oder glückliche Wendung

Jetzt stellt man fest, seit Kindertagen
tust du einen Virus in dir tragen. 14)

Man spricht nun aus, ganz unverhohlen,
„damit zu reisen ist verboten".

Das nennt man auch "krankheitsgewinnen",
ich fass' es nicht, fang an zu spinnen.

Will ich dein Fortgehen recht beschau'n
'nen richtigen Zeitpunkt man findet kaum!

Mal hast du dies, mal hast du das,
im Grund' findet sich immer was.

Oh Tusker, ich bin wahnsinnig entzückt,
über dein großes Lebensglück.

Hundert Schutzengel, ein riesiges Gemeng'
steht dir zur Seit', wenn es wird eng.

19 Episode

Bulliger Tausch

Zweitausend-achtzehn, zur Herbsteszeit,
welch eine Überraschung für alle Leut'!

Sie erfahren von neuen Reiseplänen,
nach Niederland, dem Orte Rhenen.

Zunächst ein Schock, ganz riesengroß,
das Herz, es rutschte tiefer in die Hos'.

Drei mal **T**, `det` ist zu viel,
der Kreislauf da nicht mitmachen will.

Tausch, **T**usker, **T**ooth

Du mein lieber dicker Bengel
ruf' schnell herbei – all deine Engel !!!

Ahhhhha,

schon habe ich da was vernommen,
es heißt: „Erst müssen alle Babys kommen!"

Von Sabi, Sveni und der Bongi-Kuh,
weil sonst in der Herde zu große UNRUH'.

Entschlüssle ich richtig die `Umkehrhürde`
ich mein, – wenn ständig Nachwuchs
kommen würde, ...

dann könntest du,
wegen der Unruh, ...

Die richt'ge Erkenntnis –
scheint manchmal so fern,
dabei liegt so nahe des Pudels Kern.

Also, – werter Tusker –, streng dich an,
bleib weiter so ein Zeugungs-Mann!

Und in grauer Zukunft, in irgend 'nem Jahr
zählst du zum lebenden Zoo-Inventar.

Dann lässt du dich in den Stand der Ruhe heben,
genießt dann hier dein "Rentnerleben".

Bleibst immerdar in diesem (Wupper) Tal,
das gönnen wir dir –, zigtausend Mal.

Ich muss euch sagen, ihr lieben Leut',
wär' hier jetzt Schluss, mich hätt's gefreut!

20. Episode

Plötzlicher Aufbruch

Es hieß, ich habe es genau vernommen:
*„Erst sollen **alle** Babys kommen."*

Von den drei Kühen, – so war der Plan,
erst dann solltest du auf Reisen fahr'n.

Klein Gus* wurde geboren,
und es wägten sich alle in Sicherheit,

denn bis zu den nächsten Geburten
war es bekanntlich noch sehr weit.

Mai 2019

Mo	Di	Mi	Do	Fr	Sa	So
27	**28**	29	30	31	01	02

* Am Ostersamstag, den 20. 04. 2019, erblickte
der kleine Bulle Gus das Licht der Welt.

Doch plötzlich, am 28. Mai, da geschah es dann,
ich sehe lange Gesichter bei Frau und Mann.

Bei manchem liefen dicke Tränen,
der Tusker wurde verladen, Richtung Rhenen.

Der Kran, der hatte
hart angefasst,

deine Schutzengel
– mal nicht aufgepasst!

Mit Heizung und
Pfleger Begleitung an
Bord –
mit Zwischenstopp – so ging es fort.

Welche Kommentare fand man in den Medien?
„Es sei eine logistische Herausforderung gewesen!

War schwierig und wie das alles verlief,
es war eine Leistung, ganz superlativ."

Der Mensch, er meisterte – doch er vergisst –,
dass **er nicht** der Darsteller gewesen ist!

Ich finde, es fehlt ein wichtiger Aspekt,
den Tieren zu zollen den nötigen Respekt!

Habt großen Dank, von Menschen, die beflissen,
die Tiere noch Wert zu schätzen wissen.

Das habt ihr nur für **uns** getan,
wir rechnen euch das sehr hoch an!

Möget ihr beide wieder glücklich werden,
in den jeweiligen Zoos – hier auf Erden.

Dein Wahrnehmen, mein Freund,
das kann ich nicht mehr,

sogar mein Stift ist
leicht verquer.

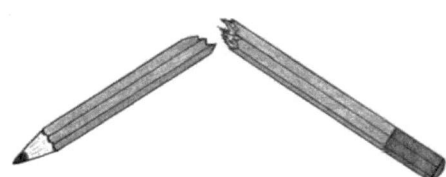

Doch irgendwie –
ich kann's noch
nicht fassen,
ganz fallen ha' m dich die Engel nicht gelassen.

Ja, ja – ich habe da etwas vernommen,
du bist bestens angekommen.

Besitzt 'nen Pool und Schlamm zum Baden,
du kannst 'säckeweis' am Heu dich laben.

Hast ab sofort, im Zoo von Rhenen,
wahrlich schon den Garten Eden.

Bist außerdem nicht ganz alleine,
es umgarnen dich sehr viele Schweine.

Viele Schweine, schöne Schweine,
Pinselohrschweine.

Darfst mit Kühen und **Schweinen** scherzen,
oh Tusker,
    – **es fällt uns Stein vom Herzen!**

Ich formulier es jetzt einmal ganz knapp,
du hast – trotz allem, „**Schwein gehabt**".

Eigentlich gab es noch eine
21. Episode.
Freud und Leid können manchmal ganz nah
beieinander liegen. Was er in dieser Story tat war
gefährlich und hätte im wahrsten Sinne des Wortes
ins Auge gehen können. Darum möchte ich sie
nicht groß publik machen, sondern erzähle sie
nur persönlich und auf Nachfrage weiter.

Tuskers Charakter und weiterer Verlauf

Wenn ihm etwas nicht passte, zeigte er eine deutliche Reaktion.

War er tagsüber auf der Außenanlage, sagte ihm seine innere Uhr am Nachmittag, jetzt muss die Tür zu meinem gedeckten Tisch aufgehen. Geschah das nicht, bollerte er mit seinem Stoßzahn dagegen.

Hatte er Blätter und Rinde von den Ästen verspeist und sah einen Pfleger, schmiss er ihm das abgelutschte Ding, mit der Aufforderung, will Nachschub, „vor die Füße".

Am Nachmittag, vor seiner Abreise im Mai 2019 nach Rhenen beobachtete ich, wie er sich vor der Leitkuh Sabi niederlegte, so, als wollte er zum Ausdruck bringen, ich entschuldige mich hiermit für etliche Fehlverhalten. Natürlich ist das eine menschliche Interpretation, aber ein schwerer Körper legt sich ungern für nur ein paar Sekunden nieder und zuvor hatte so etwas noch nicht gesehen.

Als er im Zoo von Rhenen Ausstieg, zerdepperte er erst einmal die Belüftungsanlage; gemäß dem Motto, man hat mich nicht gefragt, ob ich überhaupt verreisen will.

Im April 2021 wechselte er nach Basel. Als man ihn dort näher kannte, bezeichnete man ihn als „**Souverän**", sehr passend fand ich.

In beiden Zoos sorgte er ganz souverän für Nachwuchs, bevor er im August 2023, nach monatelanger Krankheit, im Alter von nur 31 Jahren, an Tuberkulose, verstarb.

Er war eine besondere Persönlichkeit!

Und deshalb würdigte ihn der Baseler Zoo in einem Nachruf, als einen ausgesprochen umgänglichen, lernwilligen und begabten Bullen.
„Durch seine Balanceakte mit Baumstämmen auf Stahlträgern erlangte er weltweite Berühmtheit."
News, aus dem Zoo Basel, vom 09.08.2023

Bewertung

Beginnen wir mit **Tusker**

Er war ein **bewusster Akteur**. Hat man das Balancieren von Baumstämmen einmal gesehen, wie vorsichtig er prüfte, ob sich dieser in der Schwebe befand, oder nur wenige Zentimeter zur Seite musste, der konnte nur staunen.
Oder seine Idee, mit Stöcken in einen Baum zu schmeißen, um infolge herunterfallende Blätter zu erhaschen.

Weiter sein Kommunizieren mit Personal sowie Besuchern, sein Spleen, seine Potenz, seine liebevolle Art und ständig im Mittelpunkt von Überlegungen zu stehen.
Und etwas scherzhaft könnte man noch eine weitere Besonderheit aufführen. Tusker besaß „**vier**" Stoßzähne.

Der eine Zahn war so unglücklich abgebrochen, dass er sich dreiteilte und nach unten wuchs. Und weil Elefanten, liebkosender weise schon mal ihr Haupt auf den Rücken anderer legen, hätten dieser jedes Mal eine Delle, oder Schlimmeres gehabt. So mussten diese drei Stücke regelmäßig gekürzt werden.

Von daher finde ich, hätte er viel mehr Bekanntheit und Anerkennung verdient. Er wäre auch ein richtig imposanter Störstein in der Wupper, der jedem Hochwasser trotzen würde.

Betrachten wir nun **Tuffi**.

Da gibt es viele Besonderheiten.

- Die Schwebebahn, - ein Elefant als Fahrgast, - ein Ausstieg während der Fahrt, - dazu noch durch die Wand,

- ein Fallen aus ca. 10 m Höhe, - sowie ihr unbeschadetes Überleben.

Das alles ist recht spektakulär, und das lieben die Leute. Das Motiv des Aussteigens war aber sicherlich nur Panik.

Und sie hatte enorm Glück. Man sagt, sie hat nur deshalb überlebt, weil die Wupper an dieser Stelle sehr sumpfig war. Was mich a posteriori zu der Erkenntnis hinreißen lässt, dass ein Versumpfen nicht unbedingt verwerflich sein muss.

Schon viele kleine Eisbären wurden geboren, warum wurde aber ein Knut derart berühmt?

Am 24.08.2023 lese ich in der WZ, dass der Jungbulle Uwe, auf der Autobahn 9, bei 80 km/h, ähnlich der Tuffi, seinen Anhänger verließ und er danach noch wohl auf war. Der wird kein zweites Mal eine Aufmerksamkeit erhalten, denn die Autobahn ist zu profan.

Fazit: Der Mensch bewertet.

- Der eine schätzt das Verhalten, die eigene Leistung, die Persönlichkeit, hoch ein.
- Viele andere benötigen die Sensation, den Kick, die Action, das Adrenalin. Wie viele Krimis oder fragwürdige Sportarten braucht der Mensch? Und so tritt manch ein Wesen fragwürdig ins Rampenlicht.

Ich stelle fest, das Leben ist ungerecht. Dem einen wird die Bekanntheit in die Wiege gelegt, der andere muss sein Leben lang darum kämpfen, wie ich. Ich bemühe mich zum Beispiel schon seit Jahren vergebens darum, aber bisher kennt mich nur meine liebe Frau, die nette Dame von der Zoo Kasse, sämtliche graue Riesen sowie dessen Personal.

*Um berühmt zu werden, muss man manchmal **nur** zum **richtigen Zeitpunkt** am **richtigen Ort** sein!*

Anmerkungen

1) Die hier beschriebenen Elefanten kamen aus dem Krüger Nationalpark aus Afrika.

2) Siehe Internetseite
   https://www.zoo-wuppertal.net
   1-home dasistneu
   Dann in der Reihenfolge auf:
   "Tiere"
   "Säugetiere"
   "Elefanten"
   "Afrikanische Elefanten" auswählen,
   dann das Jahr "2016" oder
   "Elefantenliebe 2012".

Dort kann man sehen, was ein Bulle bei einem normalen Spaziergang so alles an Gewicht mitschleppt: Stoßzähne, Rüssels (äh, nur einen), Hoden, ach hier waren wieder zwei.

Fazit – mit diesem Ballast wollte ich kein Bulle sein! Aber eine Kuh zu sein ist auch nicht viel besser, wenn man bedenkt, dass der Nachwuchs an die drei Zentner herankommt, inkl. Fruchtwasser und Nachgeburt. Darüber hinaus beträgt die Tragzeit ca. 22 Monate.

3) Ich las Tusker die Geschichte vor, er war sehr zufrieden. Als ich aber an diese Stelle kam, schaute er ausgesprochen grimmig.

"Und womit esse und zerkleinere ich das Raufutter?" Tusker besitzt weniger Zähne als ich. Vier sind stets in Gebrauch. Dafür kann aber ein einziger Zahn 35 cm lang werden. Würde ich einen solchen Zahn aus dem Munde verlieren und er fiele mir auf meinen großen Zeh, dann wäre dieser schlimm gebrochen, weil ein Zahn bis zu 4 kg schwer werden kann. Mit diesen Backenzähnen zermalmt er sein Futter.

4) Jede Tierart erfüllt im Naturzusammenhang eine bestimmte Aufgabe. Man könnte die Meinung vertreten, dass die Elefanten viele Bäume zerstören, doch andererseits verteilen sie auf diese Weise

Baumsamen (gleich mit Düngung) und helfen
damit den großen Gehölzen bei ihrer Verbreitung
in weitere Gegenden.

5) Aus diesem Grunde achten die Pfleger darauf,
dem Tusker nur dünne Zweige zu servieren. Futter -
gibt der nicht her, das verspeist er lieber.

6) Prüngel, landschaftl. Bezeichnung für ein großes,
klobiges Stück Holz.

7) Transporter dürfen einfahren. Bringen sie Nahrung
lässt er sie auch problemlos das Gelände wieder
verlassen. Wenn sie aber seinen Mist abholen, dann
wird er sauer. Vielleicht ist er stolz auf sein Produkt
und möchte es nicht hergeben.

8) Mithilfe mannigfacher Fotos wird dem Betrachter
veranschaulicht, wie die Elefanten - ähnlich den
Menschen - den Nachwuchs fürsorglich erziehen
und ins Leben begleiten.

9) Die Aussage gilt für das Jahr 2018. Da Tusker in
freier Wildbahn geboren wurde, schätzt man seinen
Geburtstermin 1992

10) Es gibt verschiedene Zuchtprogramme. Ihre
Aufgabe ist u. a. Inzuchten zu vermeiden und zu
schauen, dass "neues Blut" in eine vorhandene
Gemeinschaft kommt. Oder anders formuliert,
zu einem Tausch der Gene.

11) Punda war eine der Kühe, die mit Tusker aus Afrika kam. Schwanger zog mit ihren drei Kindern Bongi, Shawu und Pina-Nessi, am 23. März 2015, in den Safaripark "Beekse Bergen" nach Holland. Man kann sich vorstellen, dass wir bei dem Weggang von gleich "viereinhalb" Elefanten sehr traurig waren.

12) Bis 1971 stand dort, wo sich heute das Elefantenhaus befindet, eine Villa. Im dazugehörigen, in unmittelbarer Nähe stehenden ehemaligen Pförtnerhaus, wohnt heute Gustav, einer der Elefantenpfleger.

Jeden Abend besucht er die Fantis noch einmal. Er verteilt das Gute-Nacht-Küsschen, schaut, dass ein jeder in seinem Bett schläft und zuletzt löscht er das Licht. Dann ist es mit dem Lesen allerdings vorbei.
Oder hab' ich da was verkehrt verstanden?
Vielleicht sollte ich doch noch einmal nachfragen.

13) Tusker sollte mit dem Bullen Tembo aus dem Berliner Zoo getauscht werden. Wenn Tusker wieder nach Wuppertal käme, müsste Tembo demnach wieder zurück nach Berlin.

14) Tusker hatte in seiner Kindheit Kontakt zu Elefanten, die an Tuberkulose erkrankt waren. Ihn nicht zu transportieren war also eine Vorsichtsmaßnahme.

Hinweis

Die in dieser Lektüre erwähnten Fakten
entstammen oftmals aus verschiedenen
Veröffentlichungen des Wuppertaler Zoos,
u. a. aus den Hinweistafeln
oder dem

"Zooführer für Entdecker",

Der Grüne Zoo Wuppertal,
2017, S. 87ff

Ein weiterer Hinweis

Eine vergleichbare Lektüre schrieb
ich auch über das 2012 in Wuppertal
geborene Eisbärmädchen Anori.

Vita

Jahrgang 1947

Naturverbunden aufgewachsen.

Studium der Pädagogik, Schwerpunkt außerschulische Bildungsarbeit.

Diverse Fortbildungen in Spielpädagogik.

Jahrzehnte lang tätig, sowohl als Lehrer als auch als zertifizierter Naturführer. Letzteres mit spiel- und erzähldidaktischen Inhalten.

Es war stets mein Anliegen, Bildung mit Freude zu paaren. Gemeinsam mit ihr verankern sich emotional dargestellte Sachverhalte leichter im Gedächtnis.

Bereits veröffentlicht: ISBN 9 783 758 372 636
Auch als E-Book: ISBN 9 783 759 738 110

DER SCHÖNHEITSWETTBEWERB DER LAUB-BÄUME
Wer die Blätter der wichtigsten heimischen Bäume
kennenlernen möchte, für den ist die Geschichte richtig.
Naturgeister möchten eine Bewertung vornehmen. Doch
sie sind ein wenig subjektiv. Dazu mischen sich gelegentlich
die Tiere ein, die sich für ihre Nahrungsspender einsetzen
möchten. Und manch ein Gehölz wird der Mogelei
bezichtigt.
Es geht hoch her und richtig turbulent wird es am Schluss.
Da prägt sich beim Leser jedes Blättchen ein
— und wenn es ist auch noch so klein!

Geplante Veröffentlichungen:

DIE LETZTJÄHRIGE WEIHNACHTSFEIER DER VÖGEL;
Analog zur Vogelhochzeit ist diese quasi die
„Vogelweihnacht". 28 Vögel feiern, doch nicht jedes
Vorhaben gelingt, sogar der geplante Höhepunkt kippelt,
wodurch auch etwas Spannung in der Luft liegt. Mancher
Akteur wurde humorvoll parodiert, naturgetreu, farbig und
ganzseitig dargestellt.

Und hier noch eine Schwebi,
die Wuppertaler Schwebebahn!

Sie hat ihre Räder über dem Dach und ist mittig
aufgehängt. Ihre Strecke ist kurvenreich und sie kann,
wenn das Personal forsch fährt, beim nächsten Halt
hin- und herpendeln. Da kann man beim Aussteigen
das Gefühl bekommen, man hätte was getrunken.

Das Schöne an ihr, sie kennt die Verkehrsampeln nur
von oben und kann über den Autostau hinweg
„schweben". Und alle paar Minuten kommt eine –
meistens.